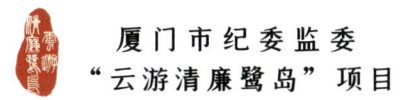

厦门市纪委监委
"云游清廉鹭岛"项目

# 鹭岛寻清迹

路过厦门的这些角落

蔡怡琳 著　　杨怡曼 摄

海峡出版发行集团 | 鹭江出版社

2023年·厦门

图书在版编目（CIP）数据

鹭岛寻清迹:路过厦门的这些角落/蔡怡琳著;
杨怡曼摄. --厦门:鹭江出版社，2023.11
ISBN 978-7-5459-2213-4

Ⅰ.①鹭… Ⅱ.①蔡… ②杨… Ⅲ.①景点-介绍-厦门 Ⅳ.①K928.705.73

中国国家版本馆CIP数据核字(2023)第195338号

LUDAO XUN QINGJI

**鹭岛寻清迹**
——路过厦门的这些角落

蔡怡琳　著　杨怡曼　摄

| | | | | |
|---|---|---|---|---|
| 出版发行: | 鹭江出版社 | | | |
| 地　　址: | 厦门市湖明路 22 号 | | 邮政编码: | 361004 |
| 印　　刷: | 恒美印务（广州）有限公司 | | | |
| 地　　址: | 广州南沙开发区环市大道南 334 号 | | 电话号码: | 020-84981812 |
| 开　　本: | 700mm×1000mm　1/16 | | | |
| 插　　页: | 3 | | | |
| 印　　张: | 11.5 | | | |
| 字　　数: | 76 千字 | | | |
| 版　　次: | 2023 年 11 月第 1 版 | | 2023 年 11 月第 1 次印刷 | |
| 书　　号: | ISBN 978-7-5459-2213-4 | | | |
| 定　　价: | 38.00 元 | | | |

如发现印装质量问题，请寄承印厂调换

# 目录

MULU

- 001　鼓浪屿：世界遗产的前世今生
- 022　中山路：来百年老街听海的声音
- 035　铁路文化公园：老铁路上的人间烟火
- 050　厦门大学：凤凰花开的校园
- 074　湖里家规家训馆：听一听砖石间的故事
- 086　澳头村：乡愁，在这里低吟浅唱
- 098　英雄三岛：海边的战地观光园

106　同安孔庙：踏青正当时

123　军营村：这里有我们向往的生活

136　园博苑：春风浩浩诗书香

146　集美学村：足不出村　从幼儿园读到大学的地方

159　莲塘别墅：莲花洲上，展开一幅耕读画卷

170　后记

# 鼓浪屿 | 世界遗产的前世今生

有这样一座岛,

当你踏上它准备用步履阅读的时候,

不妨先静下来,

听听它的声音。

可能是一段钢琴曲,

从巷弄中飞出,

如蝴蝶般让你惊鸿一瞥。

◎ 鼓浪屿钢琴博物馆

◎ 老式钢琴

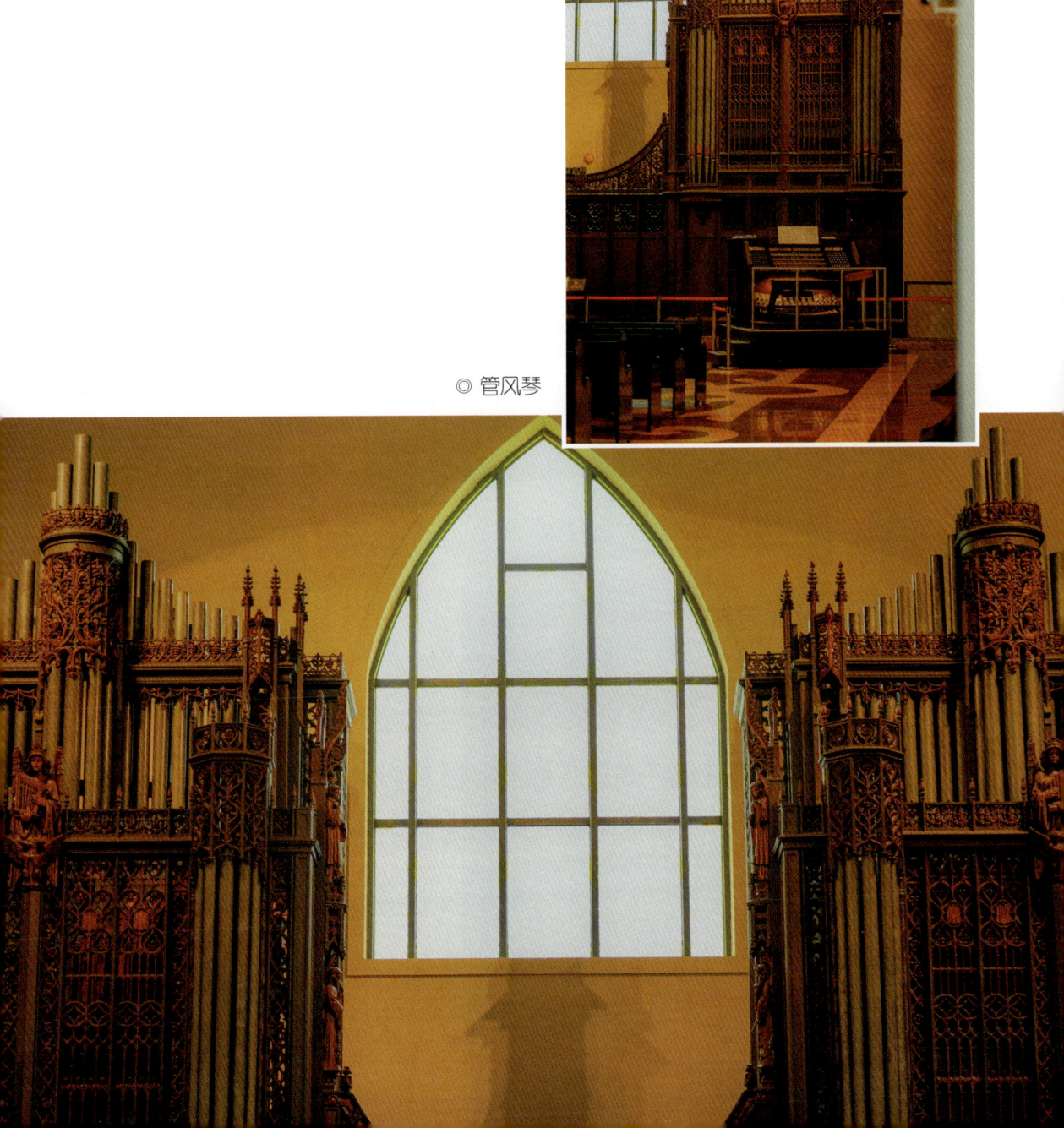

◎ 管风琴

可能是阵阵涛声，

携海风而来，

拂去你心头的疲惫。

◎ 环行在鼓浪屿边的游轮

◎ 夜幕中的郑成功雕像

◎ 海上双子塔

还可能是转角处忽然躁动的蝉鸣，
像是交响乐团开始演奏，
欢迎你进入美妙天地。

◎ 沐浴在夕阳下的石头小径

这些，仅仅是奇幻旅程的开始。
这座叫鼓浪屿的小岛，
面积大约只有1.84平方千米，
却被列入《世界遗产名录》，
有着"万国建筑博物馆"
"钢琴之岛"等美誉。

◎ 从李家庄文化体验馆看鼓浪屿

"水上的鼓浪屿,
一只彩色的楼船",
阳光洒在转角,
每一次抬头,
便有一处风景等待。

◎ 阳光下的别墅

草木葳蕤里,

每座楼的背后,

都藏着百转千回的宏大叙事。

◎ 中国唱片博物馆

◎ 西式建筑里极具设计感的门和吊灯

那些还没褪色的门窗，

像呼之欲出的心事。

门窗里的灯盏，

营造出琉璃世界。

但你若以为，
这座小岛只是如细瓷般的精致，
那么你只看到它的一面。
而它的另一面，
是如木棉花般的热烈和坚毅。

一条不起眼的巷子，
隐藏着福建革命斗争曾经的指挥部。
如今岛上的老人，
还能如数家珍地诉说当年的故事。

◎ 虎巷

◎ 中共福建省委机关旧址内景

**中共福建省委机关旧址**

位于鼓浪屿虎巷8号。从1930年8月至1931年3月,这里是中共福建省委机关所在地,是福建革命斗争的指挥部。

靠山面海的曾家园，

将鹭江旖旎的风景尽收眼底。

90年前在小楼里一场婚礼的掩护下，

中共福建省第二次代表大会顺利召开。

◎ 曾家园

**曾家园**

1930年2月15日至20日，在内厝澳路449号曾家园，以婚礼为掩护，秘密召开了中共福建省第二次代表大会，是福建党史上极其重要的一章。

安海路上的一所学校,

培养了一批又一批革命力量,

中西文明碰撞的鼓浪屿,

屡屡擦出民族自尊的火花。

◎ 厦门英华中学旧址门口

**英华中学旧址**

位于安海路14号,现为厦门第二中学。1938年5月,在中共厦门工委的领导下,厦门各界抗敌团体在英华中学集会成立厦门青年战时服务团。解放战争时期,英华中学再次成为革命浪潮的中心,大量学生在此成长为革命斗争的骨干力量。

被孙中山授予辛亥革命一等勋章的 许春草、

兴实业以救国的 黄奕住、

不愿降日的 林尔嘉、

视死如归的 谢仲怀……

就连别墅花园的设计，

都蕴藏着爱国爱乡的星火。

| 许春草 | 近代革命先驱，同盟会早期成员之一。曾出任"福建讨贼军总指挥"，后因发起以解放婢女为宗旨的"中国婢女救拔团"而得到当时各界的赞誉。鼓浪屿上的春草堂是其自行设计、建造的。 |
|---|---|
| 黄奕住 | 印尼前首富及糖王。著名的爱国华侨企业家和社会活动家，曾对中国的厦门大学、岭南大学、复旦大学和新加坡的华侨中学等倡捐巨资，累计十余万。鼓浪屿上的黄家花园是其别墅之一。 |
| 林尔嘉 | 曾闻名闽台两岸的实业家，一生致力于扶植发展民族实业，乐善好施，热心于救灾济贫。他虽担任过不少官职，却淡泊名利，从不趋炎附势，更可贵的是，他在政坛风云变幻中择善弃恶，气节高尚。鼓浪屿上的菽庄花园为其所建。 |
| 谢仲怀 | 鼓浪屿人，出生于华侨富商家庭。1927 年 3 月加入中国共产党；1927 年 11 月在上海被捕，获释后继续致力于革命斗争；1929 年 7 月，遭叛徒出卖再次被捕；1930 年 8 月英勇就义。 |

◎ 春草堂外景

◎ 春草堂石刻

◎ 透过树荫看林氏府

◎ 菽庄花园

◎ 黄家花园

鼓浪屿，

如母亲般孕育出一个又一个响亮的名字，

闪耀于中国乃至世界的舞台。

当你用脚步丈量她、阅读她，

你的步履很可能重叠了

卢戆章、林语堂、林巧稚、

颜宝玲、殷承宗、舒婷的脚印。

| | |
|---|---|
| 卢戆章 | 中国文字改革先驱，被誉为"语文现代化运动的揭幕人"。一生居住在鼓浪屿上。 |
| 林语堂 | 中国现代著名作家。林语堂故居位于鼓浪屿漳州路44号。 |
| 林巧稚 | 鼓浪屿人。中国妇产科学家。一生从事妇产科学，成绩显著，是中国妇产科学的主要开拓者、奠基人之一。 |
| 颜宝玲 | 鼓浪屿人。著名女高音歌唱家。 |
| 殷承宗 | 鼓浪屿人。著名钢琴演奏者，作曲家。 |
| 舒婷 | 中国当代女诗人，朦胧诗派的代表人物之一。定居鼓浪屿。 |

◎ 林语堂故居

◎ 林巧稚纪念馆（毓园）

历经沧桑的鼓浪屿,

已经将她的风韵,

酝酿成永不离去的春天。

◎ 岛上一隅

# 中山路

## 来百年老街听海的声音

也许很多人不知道，

厦门城市的历史，

从一段隐藏在闹市区的古城墙开始。

600岁的城墙只剩70米的残垣，

余霞染红了墙砖，

榕树的叶子散落其间，

缓步踏上，

仿佛听到历史深处的细微回响。

◎ 残垣下的枯叶

曾经有许多英雄守护着这座城。

官至江南提督的清代同安籍官员 陈化成,
多次击退来犯的英国舰队,
成为清政府倚重的"海防支柱"。

**陈化成**　　福建同安县(今属厦门市)人。历任嘉庆年间参将、道光年间总兵,鸦片战争爆发时任福建水师提督,后改任江南提督。他忠勇爱国、廉洁奉公,在鸦片战争时为保卫吴淞(今属上海市宝山区),与英军力战,英勇牺牲。

这位从一品官员，
生活两袖清风，
为自己建的小院仅130平方米，
至今仍在中山路附近的小巷里，
毫不起眼。

◎ 陈化成故居

小城几度春秋，
红砖房化身跃动的旋律。
凤凰花举起火炬，
迎接明媚的幸福。

环绕中山路的众多小巷，
都刻着岁月的印记，
就像从心脏延伸出去的血管，
流淌着城市的底蕴。
而巷弄里的小院小楼，
便成为故事的注脚。

**厦门总工会旧址**

位于思明区大同路土堆巷68号,是大革命时期厦门总工会的机关所在地。1927年1月24日,共产党员罗扬才、杨世宁等人在此成立厦门总工会。

**江夏堂**

省级文物保护单位,见证了江夏紫云黄氏一族从唐代到清代的1200余年里,遵守祖训、族规、家风,修身立品,为官忠勤廉正的故事。

◎ 华新路老别墅  ◎ 思明电影院

在闽南老厝里喝咖啡,
在欧式洋房里围炉煮茶,
华侨文化和海洋文化
在这条老街碰撞交融,
在每一个细节里留存。

◎ 厦门钱公馆(中山路店)

◎ 里间咖啡

◎ 吉治百货

人间欢乐,

不过三碗面条,

两盆海鲜,

一片喧闹的烟火。

◎ 土笋冻

◎ 八市

提及厦门，

很多人都会想到中山路。

郁达夫下榻的 天仙旅社，

仍注视着来往的人群。

时光交织成七彩画面，

每一帧都值得你驻足品味。

天仙旅社原址

位于中山路局口街对面的小洋楼。1933年由新加坡华侨吕天保创办。1936年12月30日，著名作家郁达夫先生下榻该旅社的432房，并欣然为《天仙旅社特刊》作序。

◎ 中山路夜景

这是一条通向海的街道，
充满诗一般的浪漫。
漫步至老街的尽头，
生活的杂乱似被轻轻揉碎，
融入明媚天光。

◎ 中山路尽头可望见鼓浪屿

# 铁路文化公园

## 老铁路上的人间烟火

你的城市里，有没有一条老铁路？

厦门就有一条，

它从废弃的荒园，变身"网红"公园。

但它又不仅仅是公园，

它已融入大众的生活，

成为平凡日子里不可或缺的美好。

◎ 铁路文化公园入口

厦门人对这段老铁路有着别样的感情。

它蜿蜒于厦门城市腹地，

东起金榜公园，

西至和平码头，

一端靠山，另一端临海，

是鹰厦铁路的延伸线，长约 4.5 千米，

原是 20 世纪 50 年代

为了运送建材和军用设备而专门铺设的。

◎ 延伸到隧道里的废弃铁轨

◎ 闲暇时在老铁路旁散步的市民

◎ "清风鹭岛"石雕

随着城市建设的快速发展，
老铁路褪去了原有的职能，
却保留了厦门交通发展的最初记忆。

2011年，厦门市委、市政府响应群众意见，
对老铁路进行改造升级，
建成铁路文化公园。
公园依原貌而建，
保持自然的绿化形态，
成为一条穿梭于现代都市中的"绿色走廊"。
厦门市纪委和思明区委、区政府、区纪委等单位，
在铁路文化公园的基础上，
又建设了廉政法治文化长廊。

许多人的人生故事,

围绕老铁路徐徐展开。

老铁路上充满了人间烟火气。

晨光熹微,

老铁路渐渐苏醒,

目送匆匆行人开始一天的生活。

夜幕低垂,

老铁路又张开怀抱,

接纳夜归和锻炼的人们。

◎ 孩子们在步道上尽情玩耍蹦跳

◎ 惬意的休闲生活　　　　　　　　◎ 路边茶桌

老铁路旁，

日子平淡又喧闹。

清廉元素的巧妙植入，
让廉洁文化润物无声，
老百姓"日用而不觉"。

◎ 以"廉"字为设计思路的休息区

◎ 无处不在的清廉元素

经过四个设计得像站台的"人生驿站"雕塑，

不少人会稍稍停留，

歇歇脚，或拍拍照。

走在铁轨上，

在枕木间移步换景，

便是人生轨迹。

耳边经常传来这样的叮嘱：

"小心脚下，别走歪了，容易跌倒。"

铁路上有条隧道,冬暖夏凉,
很受市民欢迎。
隧道口设置了一个仿真红绿灯,
名为"宝廉灯",
取"红灯停,绿灯行"之意。

◎ 宝廉灯

◎ 隧道外郁郁葱葱

走入 700 多米长的隧道，
参观者的视线很快会被墙上展示的
厦门景点和铁路发展史吸引。

出了隧道，
柳暗花明。
看一场花事，
赏一丛新绿，
吃一碗扁食，
日子欣欣然舒展开来。

◎ 隧道里火车厦门景点和铁路发展史的浮雕

◎ 老铁路廉政法治文化长廊简介

◎ 碧空下的嫩叶

◎ 扁食

© 枝繁叶茂

许多人珍视老铁路，

喜欢老铁路，

是因为铁路总与梦想和远方相连。

如果说生活像一张砂纸，

那梦想之路就会在反复搓磨中变得平坦。

希望，

你不要忘记，

你所向往的远方。

# 厦门大学 | 凤凰花开的校园

在厦门，
有一所大学，
是令人心驰神往的所在。
她背山面海，
符合所有关于青春的浪漫想象。

◎ 厦门大学大南校门

◎ 芙蓉四宿舍楼

投入厦大的怀抱,
就像进入了青春隧道。
校园里的自行车,
经过你身边的白衣学子,
都像是从过去的时光里而来,
和你轻轻说了声"嗨"。

◎ 穿梭在校园里的学子

厦大的故事,
起源于华侨领袖陈嘉庚。
"能与世界各大学相颉颃"
"为吾国放一异彩",
是陈嘉庚创办厦门大学时的期望。
一百年后,
校园里仍流传着陈嘉庚
"出卖大厦、维持厦大"的故事,
今天,
他被厦大学子亲切地称为"校主"。

◎ 陈嘉庚铜像

凤凰花开，
一年两季，
一季老生走，
一季新生来，
多少学子来来去去，
燃烧的凤凰花，
见证了厦大人的青春。

◎ 厦大中的凤凰木

◎ 罗扬才烈士墓

厦大是红色的。

早在1922年，
厦大学子就开始研究和传播马克思主义。
厦门第一个共产党员、
第一个共产党支部书记罗扬才，
就是厦大的学生。
一百年后，
他的雕像依然矗立在厦大校园里，
接受往来学子的注目。

◎ 囊萤楼革命遗址

◎ 厦门大学革命史展览馆

◎ 隐匿在阶梯旁的名言石刻

厦大里还有一尊塑像,
令学生们津津乐道。
那就是曾在厦大任职的
著名文学家、思想家、革命家、教育家
——鲁迅。

◎ 鲁迅雕像

◎ 鲁迅纪念馆

◎ 去往思源谷的台阶

厦大是绿色的。

思源谷里翠微环抱的明净，
绿径深处静默的凉亭，
阳光下跳动的绿叶，
都在悄悄地倾诉："我好像答应过你，要和你一起，走上那条美丽的山路。你说，那坡上种满了新茶，还有细密的相思树。"

© 思源谷

◎ 思源谷

◎ 凌云路

人生往往在乐山与乐水间切换，
芙蓉湖上的"使者"，
见证着学子们的喜怒哀乐。

◎ 芙蓉湖中的黑天鹅

◎ 芙蓉湖中的黑天鹅

◎ 芙蓉湖旁的科学艺术中心

◎ 芙蓉广场

厦大是蓝色的。

校园里尽是
面朝大海、春暖花开的房子。
人类博物馆前的"纵目"瞪大双眼，
期待能看清未来。

◎ 三星堆青铜面具

"嘉庚一号"火箭、

"海丝一号"卫星、

"嘉庚号"海洋科考船……

厦大人的步伐,

早已奔向星辰大海。

◎ 名言石刻教导学子趁年轻努力奋斗

◎ 教学楼

成为厦大学子,
是许多人的梦想。
红窗和树影,
编织出四季的经纬。
隧道里的涂鸦,
张扬着青春的活力。

◎ 芙蓉隧道

◎ 位于人类博物馆前的祈愿树

◎ 集美楼

◎ 建南大会堂侧影

厦大是彩色的。

吟唱了一百多年的南强钟声，
在时光的缝隙里将文脉传承，
揉碎在清波里，
泛起了霓虹斑斓。

◎ 建南大会堂楼顶的铜钟

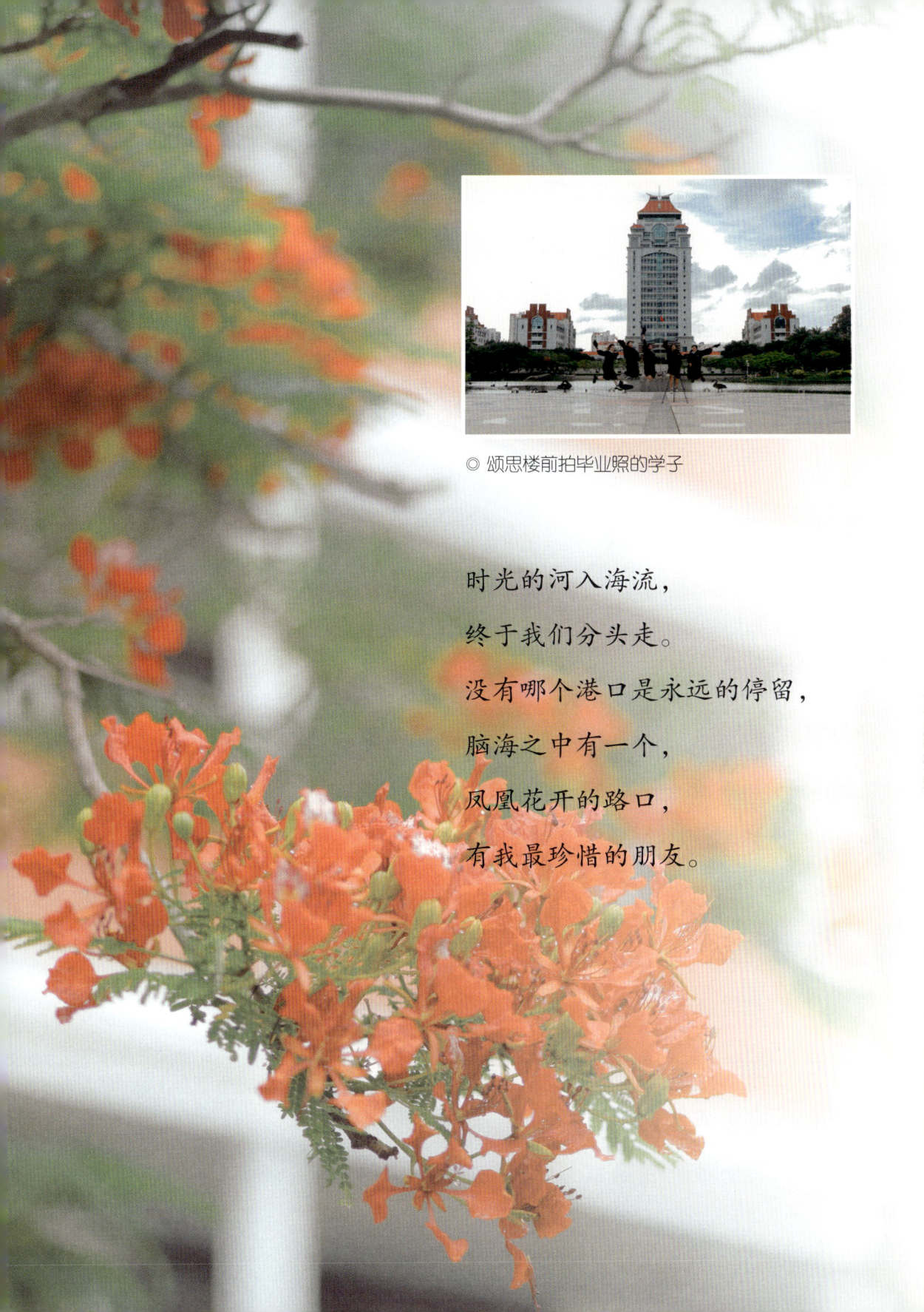

◎ 颂思楼前拍毕业照的学子

时光的河入海流，

终于我们分头走。

没有哪个港口是永远的停留，

脑海之中有一个，

凤凰花开的路口，

有我最珍惜的朋友。

# 湖里家规家训馆

## 听一听砖石间的故事

生活在厦门的人是幸福的。
无论从哪一个地方出发,
步行 15 分钟,
总有一处公园将你环抱,
让你卸下一身疲惫。

坐落于湖里区的惠和石文化园,
不仅水木明瑟,
闽南红砖建筑错落其间,
还有精美的石雕、影雕,
以及令人受益匪浅的家规家训。

◎ 家规家训馆及镂空窗上"孝""和"的字样

阳光穿过镂花窗棂，
温柔地投在墙上、地上，
光影交织，
墙上的名人故事耐人寻味。

漫步其中，
见贤思齐。
长廊深处有一屋，
老家具和墙上的家训相映成趣。

◎ 馆内雅致的陈列和耐人寻味的名人故事

选一个闲暇的日子，
和家人朋友走入这方天地。
时间仿佛静下来，
像老家具静默的样子。

出了长廊，
一棵泡桐树开满了紫色的花。
花树下，
是一座红砖古厝。
红色，代表喜庆、豪放、积极、乐观。
燕尾脊、万字纹、龟背纹，
无不蕴藏着对吉祥幸福的向往。

◎ 红砖古厝和泡桐树相映成趣

睡莲、学堂、红灯笼,
孩子们在这里诵读,
"礼义廉耻"的种子就此生根发芽。

◎ 睡莲

出了古厝,

立刻又被长廊拥入怀里。

水晶帘动微风起,

满架花果一院香。

◎ 长廊别有洞天

◎ 断臂菩萨

到凉亭里歇歇脚，
喝口热茶，
再到石雕馆里逛逛。
从魏晋南北朝到现代，
砖石刻画的故事，
静候有心人品味。

◎ 二佛并坐

◎ 惠安女影雕（局部）

雕刻，是一门在石头上绣花的艺术。

每一件作品的诞生，

都需要经过千锤万凿。

人生亦是如此,
至美的东西,
总由苦痛酝酿。
自我破碎后重生,
才能一步步完成对生命的体验。
毕竟,
伤口是光照进内心的地方。

◎ 思惟观音坐像

# 澳头村

## 乡愁，在这里低吟浅唱

说起小渔村，

你想到了什么？

是落后，是沉寂，还是破败不堪？

© 清水亭

◎ 红砖古厝屋檐一角

澳头，

这个位于翔安区新店镇曾经的小渔村，

与厦门、金门两岛隔海相望。

它曾经繁华过，

100多年前，

一艘艘木帆船穿梭往来，

带来了商品，

也创造了财富。

它曾经衰败过,

抗战期间,

日军狂轰滥炸,

村里的建筑塌了一半,

满目疮痍。

◎ 澳头碉堡

掀起时光的衣角,

小渔村也曾经走出过大人物。

清代名臣苏廷玉,

累官至大理寺少卿,

从政近30年,

清廉为官,清白为人。

村里的"双清桥",

是老百姓对他最朴素的纪念。

苏廷玉　清泉州府同安县(今厦门市翔安区新店镇澳头村)人,从小居住于澳头村。嘉庆十九年(1814)中进士,被钦点为翰林院庶吉士,道光至咸丰年间,官至兵部侍郎、(代)四川总督,累官至大理寺少卿。从政近30年,为官清正廉洁,体恤百姓,卓有政声。卸任归乡后仍心系时局,凡利于国家、桑梓之事均不遗余力。

桥上镌刻着清官的生平，
以及关于廉洁的字句，
桥下浮光跃金，
鱼儿畅游。

◎ 双清桥

◎ 桥上的清廉元素

◎ 苏廷玉简介　　◎ 波光粼粼的水面　　◎ 水里畅游的鱼儿

爱国华侨蒋骥甫，

兴办小学为乡民提供免费教育，

还参加了南侨筹赈工作。

他建起的"我素庐"，

庇护了学子，

也点燃了革命的火种。

**蒋骥甫**　澳头村人。南渡新加坡，日久略有积蓄，后与陈嘉庚合创橡胶园，苦心经营而发迹。他1926年在家乡创办觉民学校，让学生免费入学，还在家乡捐建码头，修路造桥，兴修水利等。1934年春，蒋骥甫回村筹建"我素庐"，"我素庐"在解放战争中成为我党的地下交通站。

◎ 我素庐

◎ 中共（闽西南）地下党活动据点旧址石雕

◎ 阳光下环境优美的古厝

衰老交叠着新生，

时间交错着空间。

今天的澳头，

不只环境漂亮，

身处其间的人，

也活得漂亮。

回到故乡怀中,
乡愁才得以停泊。
华侨乡史馆里,
历史成为记忆。

小渔村的海风,
引来文学和艺术的鸥鸟,
古老的土地也因此更加生动起来。

◎ 北欧当代艺术中心

◎ "渊明爱菊"壁画

◎ 挂满红色丝带的古树

◎ 澳头文学馆

在图书馆里看一本书,
抑或只是和阳光说说话。
好的生活不需多,
回归安宁只需要一个瞬间。

生活中,
知道自己不要什么,
或许比要什么更需要勇气。

# 英雄三岛

## 海边的战地观光园

◎ 英雄三岛战地观光园门口

有一场战争,

过了数十年,

仍镌刻在厦门人的记忆里。

1958年8月,

为夺取制海权和制空权,

执行毛泽东主席解放台湾三步走战略,

"八·二三"炮战正式打响。

炮兵、海军、空军迅速汇聚东南沿海,

一声令下,万炮齐轰,

硝烟滚滚,地动山摇。

◎ 陈列馆展示的军用物资

炮击行动，

历经整整20年。

大嶝岛、小嶝岛、角屿岛的军民，

用鲜血和生命，

硬是打出了"英雄三岛"的光荣称号，

铸就了艰苦奋斗、敢于奉献、不怕牺牲的

"英雄三岛精神"。

◎ 密林中战争留下的痕迹

密林中，
战争留下来的痕迹，
成为那段历史句号。

昔日的战场变成今日的教育基地，
孩子们在地道里捉迷藏，
游客们围着飞机坦克拍照，
马尾松高高挺立，
守护这一方静好。

◎ 茂盛的马尾松

◎ 铺满墙壁的老报纸

三岛很小，双拥故事很多。

炮战中，
"家家是哨所，人人是哨兵"。
老百姓把能拆的门板几乎都拆了，
捐献了三万多立方米的石料和木料。
满墙的老报纸，
记录着军民鱼水情。

直到今天,
部队种植的蔬菜刚刚收成,
先送给孤寡老人吃。
台风过后一片狼藉,
岛上交通要道却已被子弟兵打通。

◎ 战时广播站指挥中心

◎ 世界最大军事广播喇叭

◎ 木棉花

木棉花燃烧着一个个滚烫的日子，
台湾海峡的海风，
将思念吹成响亮的号角。

芳林新叶催陈叶，
不变的是千磨万击还坚韧的信念。

# 同安孔庙

## 踏青正当时

仲春时节,

雨总是把天地润湿了一遍又一遍,

似乎只有经过不断洗涤,

才有

"万物生长此时,皆清洁而明净。"

◎ 绿枝上露水欲坠

撑伞，于雨中，
发现道旁的含笑花开了。
这种混杂着香蕉和苹果香气的花朵，
长得并不显眼，
就像这座小城里的孔庙，
虽有深厚的文化底蕴，
却不像鼓浪屿，
是游人必到之处。

"我决定去孔庙走一走。"

雨水的光临，
让它静若未被敲响的大钟。

◎ 含笑花

◎ "同安孔庙"牌匾

◎ 孔庙石碑

朱熹说:"天不生仲尼,万古如长夜。"
厦门同安的这座孔庙,
是朱熹倡导修建的。

南宋绍兴二十三年(1153),
泉州府同安县(今厦门市同安区)
迎来了一位叫朱熹的年轻人。
朱熹在同安县任主簿四年。
在这四年里,
他为官勤政,爱民亲民,
修孔庙、建书院,
完成了"逃禅归儒"的思想裂变,
因而同安被看作
"朱子学"或"闽学"的发祥地。

走进孔庙,

一棵高耸的柚木吸引了我的注意。

看树龄,已经将近110岁。

这是同安辖区内唯一的古柚木,

寄托了著名爱国华侨陈嘉庚先生的乡愁。

据说,

这棵柚木是20世纪20年代前后,

陈嘉庚先生从新加坡引进的,

不仅是厦门地区,

也是福建最早引进种植的柚木。

◎ 文公书院

◎ 古柚木

柚木的叶子巨大，

夏天的时候持一片在手，

凉风入怀袖。

雨滴纷纷坠落，
今时古时，
界限在一瞬间模糊。
在孔庙北侧的石雕陈列场，
200多件石雕碑刻，
古意盎然。

◎ 雨后绿枝

大院内的泮桥

◎ 陈列场上形态各异的石雕

不知不觉，雨停了。

苏公祠和林公祠，

沐浴在薄薄的春阳里。

◎ 林公祠和苏公祠位于寺庙南侧

苏公祠

供奉的是出生于同安的

古代著名科学家、政治家苏颂。

他一生为官,

从地方官一直到宰相,

始终两袖清风。

《宋史·苏颂传》记载,

苏颂任尚书、宰相时,

却"赡给常苦不足"。

"未尝妄费寸纸,

每剪碎纸为签头,

稍大者抄故事。"

他不仅言传身教，

在"苏氏家规"中训诫子孙"处事必公""为官必廉"，

还推而广之，

劝谏皇帝不要劳民伤财、急于大兴土木，

使举世皆行节俭之风、廉洁之德。

◎ 苏公祠

林公祠

供奉的是同样生于同安的

明代理学名宦林希元。

他官至提学佥事,

为官公正,执法如山,

有"铁汉"之称。

因坚持原则得罪顶头上司,

被多次贬官至荒凉之地,

他"百折不坠青云志",

在当地采用不同的屯田方法,创建社学,

离任后,百姓为其建"生祠"。

他为官清廉,

归乡养病竟无房可居,

只得寄居在丈母娘家。

后建一斗室,自名"艮斋",

并自撰对联云:

"斗室只容妻与我,寸心不愧天地人"。

◎ 林公祠

一个人清廉为民,还是爱权爱财,

老百姓心里自有杆秤。

经过大成殿,

自然要去谒拜。

多少学子到此吸收文气,许下心愿。

◎ 祈学廊

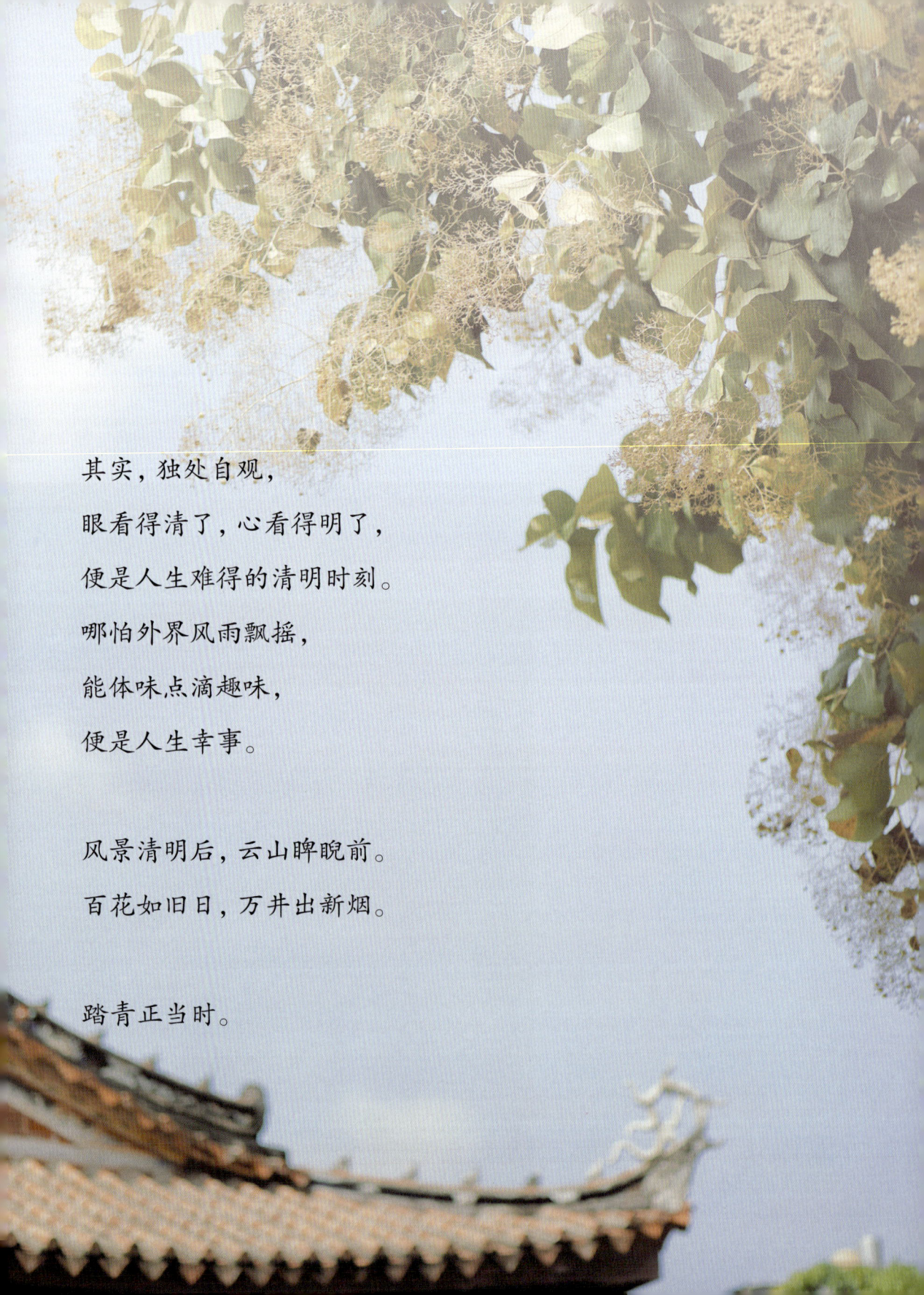

其实,独处自观,
眼看得清了,心看得明了,
便是人生难得的清明时刻。
哪怕外界风雨飘摇,
能体味点滴趣味,
便是人生幸事。

风景清明后,云山睥睨前。
百花如旧日,万井出新烟。

踏青正当时。

# 军营村

## 这里有我们向往的生活

选一个晴日启程,

向厦门离天空最近的世外桃源靠近。

天气逐渐朗润起来,

碧色一层层跳跃,

带着返璞归真的雀跃。

◎ 军营村题刻

"竹篱笆呀牵牛花,

浅浅的池塘里有野鸭。

弯弯的小河绕山下,

山腰有座小农家。"

◎ 从田间望向错落有致的屋子

◎ 砖瓦房和现代房屋形成对比　　◎ 花丛中的小溪流

乡村似乎和以前一样，
又不一样。
古厝还是那些古厝，
却有了新的律动。
它身后的守护者，
变成了现代的小洋房。

◎ 夕阳下的房屋

◎ 骑行的年轻人

采几个佛手瓜，

摘几把地瓜叶，

喝几口高山茶，

舌尖萦绕的，

是春阳秋月的馈赠。

记忆是条宽阔的河流，

因为点滴触动，

溅起水花几朵。

◎ 村里充满生活气息

"太阳起来红支支,
姑娘采茶四月天,
茶乡来了总书记,
乡亲日子节节甜……"

◎ 远离城市喧嚣

◎ 采茶忙

"太阳起来红支支,
茶乡来了总书记啰!
山高水长的深情,
不忘初心的担当。
踏石留印的脚步,
细细地丈量。"

漫步乡间小路，

不时传来动听的歌声。

侧耳倾听，

原来歌里唱的，

是一位领袖两上军营村，

了解群众疾苦的故事。

◎ 石头步道

◎ 褒歌广场上记录了军营村的巨变

"金山银山的故事,

说的是绿水青山。

山上戴帽山下开发,

字字记在心肝。

太阳出来红彤彤,

莲花山上一片红,

赞歌声声献给党,

振兴乡村迎春风!"

20多年的点滴改变,

书写在物阜民丰、灯火灿烂中。

初心使命馆和高山党校,

迎接了一批又一批

重走初心路的人。

◎ 高山党校教学点

◎ 高山党校初心使命馆

村里的年轻人们回来了,
把房前屋后打扮成雅致模样。
这里望得见山、看得见水、记得住乡愁,
让许多人都趋之若鹜。

地瓜、茶叶、笋干,
如春天的信使,
飞向全国各地的餐桌。

"且将新火试新茶,诗酒趁年华。"

# 园博苑

## 春风浩浩诗书香

如果你问：

春天从哪里开始？

那一定是从娇媚的花朵。

园博苑的春色蜂拥而至，

惊艳了人们的眼眸。

◎ 百花争艳

春风打了个响指,
阳光应声跌落。

忙碌的人们终于慢下节奏,
忽略生活的篱笆与河流,
为身边的美丽驻足。

◎ 春意盎然

在春天，

播一颗种子，

撒一片希望。

中华教育园里，

阳光亲吻每一片花瓣。

成语故事、名言警句、名人生平，

花草掩映中，

春风浩浩诗书香。

中华教育园　　位于园博苑闽台岛西北部，占地22.6公顷。园内设计风格独特，全面、集中地展现了中国教育文化的历史和现在，表达了"传承华夏民族悠久教育文化、促进炎黄子孙和谐健康成长"的主题。

◎ 将教育文化融入园林设计

灯火纸窗修竹里,
读书声。

◎ 窗前光影

在林间漫步,
发现园子里竟然有缩微的著名高校。
忍不住合个影,
希望有朝一日成为它们的学子。

◎ 一抬头便是赏心悦目

◎ 你都发现了哪几所高校？

园博苑：春风浩浩诗书香 143

书中未必有黄金屋,

但一定有更好的自己。

书或许不能解决你当下的难题,

但能给你冲出困境的力量。

◎ 竹简形态的石雕

仁者乐山,
智者乐水。
吾生而有涯,
而知也无涯。

○ 绿丛中的凉亭

# 集美学村

足不出村 从幼儿园读到大学的地方

我第一次站在它面前时,
脑海里跳出八个字:
"琼楼玉宇,天上宫阙"。
海风裹挟着龙舟池水的气息,
带着春夜的萌动和静谧,
令人如入幻境。

◎ 龙舟池上泛龙舟

◎ 醉美夜色

这个叫"集美学村"的地方，
以斑斓的面貌点亮黑夜。
明明上一刻还是追逐夕阳的小家碧玉，
下一秒已变成锦衣夜行的大家闺秀。

光影变幻间，
活色生香的夜集美，
一把将你拉入烟火喧哗。

石鼓路上，
一群学生如鱼一样游动其间。
让人沉醉的何止是月色，
还有舌尖上的美食。

◎ 沙茶面

◎ 灌汤小笼包

◎ 四果汤

◎ 忙碌的小吃摊主

生在集美学村是幸福的。

不仅坐拥山、湖、海，

还可以足不出村，

读完幼儿园、小学、中学、大学。

100多年前，

一位叫陈嘉庚的集美人，

认为立国之本，全在教育，

他将在海外赚的钱，

连同思念和期盼源源不断地汇回家乡。

◎ 集美中学南薰楼

◎ 集美大学财经学院尚忠楼

◎ "集美学村"及其名字的由来

集美小学、集美中学、

师范学院、航海学院、

集美大学……

每一块红砖,

都是陈嘉庚先生赤诚的爱,

一个名不见经传的小渔村,

由此变成了名扬天下的集美学村。

而这位为教育和抗战捐款超过亿元的富翁,在回到祖国担任政协副主席后,不是和许多人一样修缮祖屋,而是把钱再次"散"出来,修建抗战时遭毁的校舍,以及纪念碑、市民公园。

◎ 位于鳌园中央位置的集美解放纪念碑

◎ 巧夺天工的艺术

巧夺天工的石雕，
涵盖重大历史事件、
自然科学、教育卫生、
文化艺术、政治经济等方面，
只为寓教于乐，
让群众在逛公园时受教。
奉献了一切的陈嘉庚，
自己却住在破败的老屋里，
用着最简朴的家具，
吃着地瓜稀饭。

◎ 集美鳌园里的精美石雕与陈嘉庚故居简朴的摆设形成对比

◎ 陈嘉庚纪念馆

今天的我们能做的，
除了建一座馆、
讲一些故事，
更应把他"忠公诚毅"的精神，
融入血液里。

人生代代无穷已，
江月年年望相似。
走在集美学村的石板路上，
每一步都是向嘉庚先生致意。

◎ 在龙舟池畔石板路上漫步的行人

# 莲塘别墅

## 莲花洲上,展开一幅耕读画卷

总有一些美好,
如厦门路边随处可见的紫荆花,
常见却灿烂,
绽放在人们的心底。

这一座迷人的小城,
不仅是人们身体的栖息地,
更是安放心灵的港湾。

从厦门岛向海沧区出发,
驱车穿过一片碧海,
只见一座建在莲花洲上的院落,
静静地守护一缕文脉。

◎ 紫荆花

◎别墅留下的岁月痕迹

建筑是具象的艺术。

每一个细节，

都表达着主人乃至整个家族的态度。

家训、鲤鱼、玉兔、荔枝，

对后代的期许每日可见。

而异域风情的植入，

代表主人开阔的眼界。

别墅里的学堂，

能同时容纳 100 多位学子。

中学和西学在这里交汇，

鱼跃鸢飞，

学子们奔向世界的舞台。

◎ 学堂的建造充满细节

人心如良苗，得养乃滋长，
不仅仅是莲塘别墅，
耕读文化在海沧已延续千年。

这片土地，
培育出 49 名进士、104 名举人，
开台王颜思齐、
明朝清官周起元、
早期民主革命先驱杨衢云、
厦门大学前校长林文庆……
都是她的孩子。

◎ 院子里教育氛围浓厚

耕可致富，读可养性。

漫步乡村小巷，

花草牵引着你一路向前，

心渐渐安下来，

像是寻着了归处。

◎ 花、果、篱笆，在阳光下生机盎然

路遇一群放学的孩童，
小小的个子背着大大的书包。
不知是谁起了头，
齐刷刷地背起《木兰辞》：
"唧唧复唧唧，木兰当户织……"
清脆的童声如弹跳的玻璃珠，
掉落在被夕阳亲吻的地面上。

猫儿停下游戏回头，
羊儿停下进食发呆，
文学的美妙韵律，
在数千年后依旧跃动不止。

揉入庄稼和草木里的文化，

不再是故纸堆里的生涩面孔，

而是根植于血液里的信仰和传承。

# 后记

我们一直在思考,要如何摆脱"廉洁"这个词带给人的严肃清冷的印象,真正让人们可感、可近、可亲。

出版《鹭岛寻清迹》就是这样一个尝试。最能直接打动心灵的是美。在我们陶醉于厦门美景时,那些散落在大街小巷角落里的廉洁因子,便通过一张张精美的图片、一段段诗意的文字被拾掇串联,呈现在我们眼前。随书附赠的明信片及明信片上的二维码,让读者只要拿起手机一扫就能"云游清廉鹭岛"。廉洁让生活更美好,相信美好的祝福,无远弗届。

翻阅此书,您或许就了解了厦门何以成为今日的厦门。在感受厦门浪漫优雅的同时,您还能感受她的冰壶秋月、她的包容开放、她的砥砺奋进。

总之,这是一座值得用心品味的城市。如果您在漫步的过程中有关于这个城市与廉洁的所思所感,欢迎记录下来,遥寄给亲朋好友,与他们分享。